Veggie
BROTZEIT

Sabine Fuchs
& Susanne Heindl

Veggie

BROTZEIT

Aufstriche, Salate und
Bratlinge für die besten
Sandwiches

Jan Thorbecke Verlag

VERLAGSGRUPPE PATMOS

PATMOS
ESCHBACH
GRÜNEWALD
THORBECKE
SCHWABEN

Die Verlagsgruppe
mit Sinn für das Leben

Für die Schwabenverlag AG ist Nachhaltigkeit ein wichtiger Maßstab
ihres Handelns. Wir achten daher auf den Einsatz umweltschonender
Ressourcen und Materialien.

Gestaltung: FUCHS DESIGN, München
Druck: Grafisches Centrum Cuno GmbH & Co. KG, Calbe
Hergestellt in Deutschland
ISBN 978-3-7995-1147-6 (Print)
ISBN 978-3-7995-1186-5 (eBook)

Inhalt

Vorwort

Erstens: Sich Kochbücher ausdenken macht Spaß. Die Rezepte zu probieren und sie dann auch noch zu essen, noch viel mehr. Unser Brotzeitbuch war für uns eine Herausforderung, denn selten haben wir bei einer Produktion selbst so viel gegessen.

Zweitens: Unsere Veggie-Brotzeiten können überall stattfinden. Ob im Biergarten, zu Hause am Tisch, auf dem Balkon, am Schreibtisch oder beim Fotoshooting. Und sie sind ohne großen Aufwand zuzubereiten.

Drittens: Wir lieben alle unsere Rezepte, aber jede von uns hat ein persönliches Lieblingsrezept: Sabines Favorit ist das Preiselbeerfrischkäse-Birnen-Sandwich mit Brie und Susis Tipp ist das Ziegenkäsesandwich mit Mango-Salsa.

Und für diejenigen, die sich nicht entscheiden können, was sie zuerst ausprobieren wollen, haben wir auf Seite 84 Brotzeitkombinationen zusammengestellt. Die veganen Rezepte haben wir gekennzeichnet!
Wir wünschen viel Spaß und guten Appetit!

Sabine Fuchs & Susanne Heindl

Zuuntererst

DER EINFACHSTE GENUSS IST OFT DER BESTE.
BROT MIT BUTTER. BEI UNS DARF DIE BUTTER NOCH
NACH EIN BISSCHEN MEHR SCHMECKEN.

Zitronenbutter

······ MIT ROSMARIN ······

Erstens Die Bio-Zitrone gut waschen und trockenreiben. Anschließend mit einer feinen Reibe die Schale der ½ Zitrone abreiben (das Weiß der Zitronenschale nicht verwenden).

Zweitens Die weiche Butter in eine Schüssel geben. Die Zitronenschale und den frisch gepressten Zitronensaft zur Butter geben und das Ganze beiseite stellen.

Drittens Die Knoblauchzehe schälen und durch eine Knoblauchpresse drücken. Die Rosmarinnadeln grob hacken und mit dem durchgepressten Knoblauch und dem Salz ebenfalls zur Butter geben. Zum Schluss mit einem Handrührgerät alle Zutaten verrühren, bis eine schöne cremige Butter entsteht. Vor dem Verzehr kalt stellen.

Für ca. 130 g Butter

Schalenabrieb von ½ Bio-Zitrone
125 g weiche Butter
2 TL frischer Zitronensaft
½ kleine Knoblauchzehe
½ TL Rosmarinnadeln
½ TL grobes Meersalz

Petersilienbutter

······ MIT DIJONSENF ······

Erstens Die Petersilie waschen und trocken-schütteln. Die Blätter von den Stängeln zupfen und fein hacken.

Zweitens 2 EL gehackte Petersilie zu dem Olivenöl geben und mit dem Pürierstab zu einem Pesto verarbeiten.

Drittens Eine halbe Zitrone auspressen. Die Kapern fein hacken. Mit einem Rührgerät das Petersilienpesto, den Zitronensaft, die Kapern, die restlichen Petersilienblätter und den Senf unter die weiche Butter rühren, bis die Butter eine schöne grüne Farbe hat. Vor dem Verzehr kalt stellen.

Für ca. 130 g Butter

1 Bund Petersilie
2 EL Olivenöl
½ Zitrone
1 TL Kapern
2 TL Dijonsenf
125 g weiche Butter

Feigen-Safran-Butter

······ MIT ZITRONE ······

Erstens Die Soft-Feige in kleine Stücke schneiden und anschließend mit einem großen Messer fein hacken.

Zweitens Die weiche Butter in eine Schüssel geben, die Safranfäden, die Feigenstückchen, etwas Salz und ein paar Spritzer Zitronensaft hinzufügen und mit dem Handrührgerät kräftig verrühren. Vor dem Verzehr kalt stellen.

Für ca. 130 g Butter
1 Soft-Feige
125 g weiche Butter
1 Dose Safranfäden (0,1 g)
etwas Salz
etwas Saft einer frischen Zitrone

Senfbutter

······ MIT MEERSALZ ······

Erstens Den mittelscharfen Senf, den Rotisseursenf und den Ahornsirup in einem Schälchen vermischen.

Zweitens Die weiche Butter in eine Schüssel geben. Anschließend das grobe Meersalz, die Senfmischung und etwas schwarzen Pfeffer hinzufügen und mit dem Handrührgerät schön cremig rühren. Vor dem Verzehr kalt stellen.

Für ca. 130 g Butter

1 TL mittelscharfer Senf
1 TL Rotisseursenf
¼ TL Ahornsirup
125 g weiche Butter
½ TL grobes Meersalz
schwarzer Pfeffer

Tomatenbutter

······ MIT OREGANO ······

Erstens Den Knoblauch schälen und fein hacken.
Anschließend 1 TL Öl der eingelegten Tomaten
in einer beschichteten Pfanne erhitzen und den
Knoblauch darin leicht rösten.

Zweitens Die sonnengetrockneten Tomaten gut
abtropfen lassen und fein hacken.

Drittens Nun die weiche Butter in eine Schüssel
geben, den gerösteten Knoblauch, den geriebenen Parmesan, die gehackten sonnengetrockneten Tomaten, den Oregano sowie etwas Salz und
Pfeffer hinzufügen und mit einem Handrührgerät
so lange rühren, bis alles gut vermischt ist. Vor
dem Verzehr kalt stellen.

Für ca. 130 g Butter

1 Knoblauchzehe
30 g sonnengetrocknete Tomaten in Öl
125 g weiche Butter
1 EL geriebener Parmesan
½ TL Oregano, gerebelt, trocken
Salz
Pfeffer

Pistazienbutter

······ MIT MASALA-CURRY ······

Erstens Die Pistazien schälen und mit einem
Messer fein hacken.

Zweitens Das Curry und die gehackten Pistazien
unter die weiche Butter rühren. Vor dem Verzehr
kalt stellen.

Für ca. 130 g Butter
1 Packung gesalzene Pistazien
2 TL Masala-Curry
125 g Butter (alternativ Margerine)

Dazu

·······················

FRISCH UND KNACKIG ODER SÜSS KOMBINIERT MIT SALZIG –
BEI UNSEREN SALATKOMBINATIONEN IST FÜR
JEDEN GESCHMACK ETWAS DABEI.

Rote-Bete-Salat

······ MIT APFEL ······

Erstens Die Rote Bete und den Apfel schälen und ggf. entkernen. Beides mit einer groben Gemüsereibe raspeln und in einer Schüssel vermischen.

Zweitens Das Sonnenblumenöl in eine beschichtete Pfanne geben und die Sonnenblumenkerne leicht anbräunen. Am Schluss die Kerne mit grobem Meersalz bestreuen.

Drittens Sahne, Ahornsirup und Zitronensaft in einem Schälchen verrühren und über die Rote-Bete-Apfel-Raspel geben. Die gesalzenen Sonnenblumenkerne unterheben und, falls nötig, mit etwas Pfeffer nachwürzen.

Für 2 Personen

1–2 Rote Bete, roh (ca. 150 g)
1 kleiner säuerlicher Apfel
1 TL Sonnenblumenöl
1 EL Sonnenblumenkerne
grobes Meersalz

Dressing
2 EL Sahne
1 TL Ahornsirup
2 TL Zitronensaft
Pfeffer

Dazu

Chicorée-Trauben-Salat

······ MIT GORGONZOLA ······

Erstens Die Chicorée säubern und in Scheiben schneiden. Die Trauben waschen und halbieren. 75 g Gorgonzola Cremosa in Streifen schneiden.

Zweitens Die Walnusskerne grob hacken und mit 1 EL Sonnenblumenöl in einer beschichteten Pfanne leicht anrösten. Anschließend die Walnusskerne mit grobem Meersalz bestreuen.

Drittens 50 g Gorgonzola Cremosa in Würfel schneiden und mit dem Joghurt in ein höheres Gefäß geben. Die halbe Gemüsezwiebel schälen und fein würfeln. Anschließend die Zwiebelwürfel, den Weißweinessig und das Olivenöl mit Salz und Pfeffer zur Käse-Joghurt-Mischung geben und mit dem Pürierstab zu einem cremigen Dressing verarbeiten.

Viertens Den Chicorée und die Trauben in einer Schüssel mit dem Gorgonzola-Dressing vermischen und die Gorgonzola-Streifen und Walnusskerne auf dem Salat verteilen.

Für 2 Personen
2 kleine Chicorée
150 g blaue Trauben
75 g Gorgonzola Cremosa
3 EL Walnusskerne
1 EL Sonnenblumenöl
grobes Meersalz

Dressing
50 g Gorgonzola Cremosa
100 g Joghurt mit 3,5 % Fett
½ kleine Gemüsezwiebel
2 EL Weißweinessig
2 EL Olivenöl
Salz
Pfeffer

Dazu

Fenchel-Orangen-Salat *vegan*

······ **MIT WALNUSSKERNEN** ······

Erstens Die Fenchelknolle waschen, vom Grün befreien und mit dem Hobel in sehr feine Scheiben schneiden. Die Walnusskern-Hälften grob hacken. Die Orange filetieren und den Saft der Orange auffangen, um ihn für das Dressing zu verwenden.

Zweitens Orangensaft, Sonnenblumenöl, Ahornsirup und Zitronensaft mit etwas Salz und Pfeffer in ein Schälchen geben und mit der Gabel kräftig verrühren.

Drittens Die Fenchelscheiben und die Orangenstücke in eine Schüssel geben, mit dem Dressing vermischen und mit Salz und Pfeffer abschmecken. Kurz vor dem Servieren die Nuss-Stückchen über den Salat geben.

Für 2 Personen
1 Fenchelknolle
6 Walnusskern-Hälften
1 Orange

Dressing
3 EL Orangensaft
3 EL Sonnenblumenöl
½ TL Ahornsirup
1 TL Saft einer frischen Zitrone
Salz
Pfeffer

Dazu

Kohlrabi-Carpaccio

······ MIT PARMESAN ······

Erstens Den Kohlrabi schälen. Entweder mit einer Brotschneidemaschine oder mit einem Hobel in hauchdünne Scheiben schneiden.

Zweitens Die Petersilie waschen und trocken-schütteln. Die Blätter abzupfen und klein schneiden.

Drittens Für die Marinade die Zitrone auspressen, den Zitronensaft mit dem Olivenöl verrühren. Nach Geschmack salzen und pfeffern. Die Kohlrabischeiben auf einem Teller anrichten, die Marinade, die Petersilie und den Parmesan darübergeben.

Für 2 Personen

200 g Kohlrabi
½ Bund Petersilie
½ Zitrone
3 EL Olivenöl
Salz
Pfeffer
50 g geriebener Parmesan

Dazu

Pilz-Carpaccio *vegan*
····· MIT PETERSILIE ·····

Erstens Die Pilze putzen. Entweder mit einer Brotschneidemaschine oder mit einem Hobel in hauchdünne Scheiben schneiden.

Zweitens Die Petersilie waschen und trocken-schütteln. Die Blätter abzupfen und klein schneiden.

Drittens Für die Marinade die halbe Zitrone aus-pressen und den Zitronensaft mit dem Olivenöl verrühren. Nach Geschmack salzen und pfeffern. Die Pilzscheiben in einer Schüssel anrichten und die Marinade und die Petersilie darübergeben.

Für 2 Personen
200 g Pilze (große Egerlinge)
½ Bund Petersilie
½ Zitrone
3 EL Olivenöl
Salz
Pfeffer

Dazu

Kürbis-Apfel-Salat vegan

······ MIT CRANBERRYS ······

Erstens Den Kürbis waschen, halbieren, mit einem Löffel entkernen und in ca. 5 mm dicke Scheiben schneiden. Das Olivenöl in einer Pfanne erhitzen und die Kürbisscheiben darin nach und nach anbraten.

Zweitens Die Cashewkerne salzen und in einer guten beschichteten Pfanne ohne Fett goldbraun rösten. Beiseite stellen. Den Apfel waschen und vierteln. Das Kerngehäuse entfernen und den Apfel in dünne Scheiben schneiden. Die Petersilie waschen und trockenschütteln, die Blätter abzupfen und klein schneiden.

Drittens Für das Dressing den Apfelessig und das Rapsöl mit dem Agavensirup verrühren. Nach Geschmack salzen und pfeffern.

Viertens Die gebratenen Kürbisscheiben mit dem Apfel, den Cranberrys und der Petersilie vermischen. Mit dem Dressing anmachen. Am Schluss die gerösteten Cashewkerne darüberstreuen.

Für 2 Personen

750 g Hokkaidokürbis
5 EL Olivenöl
4 EL Cashewkerne
Salz
1 säuerlicher Apfel (z.B. Braeburn)
½ Bund glatte Petersilie
2 EL Cranberrys

Dressing

2 EL Apfelessig
2 EL Rapsöl
1 TL Agavensirup
Salz
Pfeffer

Dazu

Brokkoli-Radieschen-Salat

······ MIT SCHAFSKÄSE ······

Erstens Den Brokkoli putzen und in Röschen schneiden. Die Brokkoliröschen 3–5 Minuten in Salzwasser bissfest kochen und anschließend abschrecken.

Zweitens Die Radieschen und die Frühlingszwiebel waschen und in Scheiben bzw. Ringe schneiden. Die Paprika waschen, entkernen und in Würfel schneiden.

Drittens Für das Dressing mildes Olivenöl, mittelscharfen Senf, Weißweinessig, Zucker, Salz und etwas Pfeffer in ein Schälchen geben und mit der Gabel kräftig verrühren.

Viertens Das Dressing mit den restlichen Zutaten in einer Schüssel vorsichtig vermengen und am Schluss den Schafskäse mit den Fingern über den Salat zerkrümeln. Je nach Geschmack mit Salz und grobem Pfeffer nachwürzen.

Für 2 Personen

200 g Brokkoli (ohne Strunk)
Salz
6–7 Radieschen
1 Frühlingszwiebel
1 gelbe Paprika
80 g Schafskäse

Dressing

3 EL mildes Olivenöl
1 EL mittelscharfer Senf
1 EL Weißweinessig
½ TL Zucker
½ TL Salz
grober Pfeffer

Dazu

Asiatischer Spitzkohlsalat

······ MIT KORIANDER ······

Erstens Den Spitzkohl waschen und in sehr dünne Streifen schneiden. Die Karotte schälen und raspeln. Die Frühlingszwiebeln und den Chili waschen und in feine Ringe schneiden. Den Koriander waschen, trocken schütteln, von den Stängeln befreien und grob hacken.

Zweitens Den Ingwer schälen und fein hacken. Den Saft von ½ Limette in ein Schälchen geben, den Ingwer, die Fischsauce, den Ahornsirup, das Sonnenblumenöl, das Sesamöl sowie Salz und Pfeffer hinzufügen und vermischen.

Drittens Das Gemüse mit dem Dressing vermischen und den frischen Koriander mit den Erdnüssen darauf verteilen.

Für 2 Personen

300 g Spitzkohl
1 große Karotte
2 Frühlingszwiebeln
1 kleiner Chili
½ Bund Koriander
3–4 EL Erdnüsse, gesalzen

Dressing

1 dünne Scheibe Ingwer
Saft von ½ Limette
2–4 Spritzer Fischsauce
1 EL Ahornsirup
1–2 EL Sonnenblumenöl
1 EL Sesamöl
Salz
Pfeffer

Dazu

Dicke-Bohnen-Salat *vegan*

······ MIT TOMATEN UND AVOCADO ······

Erstens Die Bohnen in ein Sieb abgießen, etwas Wasser darüberlaufen lassen und gut abtropfen.

Zweitens Die Cocktailtomaten waschen, den Strunk entfernen und die Früchte vierteln. Die Frühlingszwiebel waschen und in Ringe schneiden. Die Avocado schälen und in Würfel schneiden.

Drittens Für das Dressing den Senf, das Olivenöl und den Rosé-Essig in einem Schälchen kräftig verrühren und mit Salz und Pfeffer würzen. Nun alle Zutaten in eine Schüssel geben und das Dressing vorsichtig unterheben.

Für 2 Personen

1 Dose Dicke Bohnen
(250 g Abtropfgewicht)
200 g Cocktailtomaten
1 rote oder weiße Frühlingszwiebel
1 Avocado

Dressing
1 TL mittelscharfer Senf
1 EL Olivenöl
1 EL Rosé-Essig
Salz
Pfeffer

Dazu

Darauf

·····················

VEGGIEPFLANZERL STATT FLEISCHPFLANZERL.
BRATLINGE STATT BRATWURST.
DIE GESUNDEN SATTMACHER.
AUFS BROT ODER EINFACH ZUM SALAT.

Zucchini-Kartoffel-Bratlinge

····· MIT PETERSILIEN-TOPFEN ·····

Erstens Die Zucchini waschen und den Strunk entfernen. Die Kartoffeln schälen und anschließend mit einem groben Gemüsehobel in eine große Schüssel raspeln. Nun die Zucchini ebenfalls raspeln und zu den Kartoffelraspeln geben.

Zweitens Die Schalotte schälen und in feine Würfel schneiden. Ei, Mehl, Schalottenwürfel, Salz und Pfeffer in einem Schälchen kräftig verrühren und anschließend unter die Zucchini-Kartoffel-Masse heben.

Drittens In einer großen Pfanne Öl bei mittlerer Hitze erwärmen und mit einem Löffel flache Bratlinge in die Pfanne setzen. Die Bratlinge sehr langsam braten, damit das Gemüse am Schluss durch ist.

Viertens Die Petersilie waschen, von den Stängeln befreien und hacken. Anschließend Topfen, Petersilie, Salz und Pfeffer in einem Schälchen verrühren und zu den Bratlingen reichen.

Für 2 Personen bzw. 4 Bratlinge

1 große Zucchini (300 g)
140 g festkochende Kartoffeln
1 Schalotte
1 Ei
3 EL Mehl
Salz
Pfeffer
Öl zum Braten

Petersilien-Topfen
4 Stängel Petersilie
200 g Topfen (Quark), Rahmstufe
Salz
grober Pfeffer

Hirsebratlinge

⋯⋯ MIT GERIEBENEM KÄSE ⋯⋯

Erstens Die Hirse mit der Gemüsebrühe nach Packungsanleitung weich kochen.

Zweitens Die Karotte schälen und grob raspeln. Die Karottenraspel, den Käse und die Eier zu der gekochten Hirse geben und gut vermengen. Mit den Händen 4 Bratlinge formen.

Drittens Das Olivenöl in einer Pfanne erhitzen und die Bratlinge bei geringer Hitze (!) vorsichtig von beiden Seiten ca. 5 Minuten braten.

Für 2 Personen bzw. 4 Bratlinge

30 g Hirse
300 ml Gemüsebrühe
1 mittelgroße Karotte
60 g geriebener Käse
2 Eier
2 EL Olivenöl

Darauf

Kürbispflanzerl *vegan*
······ MIT KOKOSRASPELN ······

Erstens Den Backofen auf 220 °C vorheizen.

Zweitens Den Kürbis waschen, halbieren, entkernen und in kleine Stücke schneiden. Die Kürbisstücke in eine ofenfeste Form geben und mit 4 EL Olivenöl vermischen; ca. 25 Minuten im Backofen backen, bis die Kürbisstücke ganz weich sind.

Drittens Die weichen Kürbisstücke in eine Rührschüssel geben und mit dem Pürierstab zu einem glatten Püree verarbeiten. Das Kichererbsenmehl und die Kokosraspel zu dem Kürbispüree geben und das Ganze zu einem Teig verkneten. Nach Geschmack salzen und pfeffern. Mit den Händen 4 Pflanzerl formen.

Viertens 2 EL Olivenöl in einer Pfanne erhitzen und die Pflanzerl bei geringer Hitze (!) vorsichtig von beiden Seiten ca. 5 Minuten braten.

Für 2 Personen bzw. 4 Bratlinge
500 g Hokkaidokürbis
6 EL Olivenöl
5 EL Kichererbsenmehl
3 EL Kokosraspel
Salz
Pfeffer

Selleriebratlinge

····· MIT SÜSSKARTOFFEL ·····

Erstens Den Knollensellerie und die Süßkartoffel schälen und mit einem Gemüsehobel grob raspeln. Die Zwiebel schälen und fein würfeln.

Zweitens Ei, Roggenmehl, geriebenen Bergkäse, ½ TL Salz und etwas Pfeffer in einer größeren Schüssel verrühren und quellen lassen. Anschließend die Gemüseraspel unter die Eimasse heben.

Drittens Etwas Butter in einer Pfanne schmelzen und esslöffelweise die Gemüsemasse in die Pfanne setzen. Die Bratlinge langsam bei mittlerer Hitze goldbraun braten.

Für 2 Personen bzw. 4 Bratlinge

100 g Knollensellerie
100 g Süßkartoffel
1 kleine weiße Zwiebel
1 Ei
1 EL Roggenmehl
30 g geriebener Bergkäse
½ TL Salz
Pfeffer
20–30 g Butter

Darauf

Polentabratlinge

······ MIT SÜSSKARTOFFEL ······

Erstens Die Polenta nach Anleitung unter Zugabe von ½ TL Salz zubereiten. Anschließend den Parmesan unterheben und den Polenta-Brei abkühlen lassen.

Zweitens Die sonnengetrockneten Tomaten abtropfen lassen (das Öl dabei auffangen) und klein hacken. Die Knoblauchzehe schälen und fein würfeln. Nun die Tomaten- und die Knoblauchwürfel in etwas Öl der eingelegten Tomaten andünsten.

Drittens Die Tomaten-Knoblauch-Würfel in den Polentabrei einrühren und anschließend Bratlinge formen.

Viertens Etwas Olivenöl in eine Pfanne geben und die Polenta-Bratlinge goldbraun braten.

Für 2 Personen bzw. 4 Bratlinge

100 g Polenta
½ TL Salz
20 g frisch geriebener Parmesan
30 g sonnengetrocknete Tomaten in Öl
1 kleine Knoblauchzehe
Olivenöl

Darauf

Dazwischen

DAS „DAZWISCHEN" SCHMECKT AUCH
ALLEINE AUF DEM BROT.
ABER DIE AUFSTRICHE SIND, KOMBINIERT MIT FRISCHEM GEMÜSE
ODER OBST, EIN BESONDERES ERLEBNIS.

Oliventapenade vegan

····· MIT MANDELN ·····

Erstens Den Knoblauch schälen und würfeln. Die Kapern fein hacken.

Zweitens Die Oliven abtropfen und in eine Schüssel geben. Kapern, Olivenöl, Knoblauch und Semmelbrösel dazugeben und alles mit dem Pürierstab zu einer Paste verarbeiten.

Drittens Die Mandeln in einer guten beschichteten Pfanne ohne Fett goldbraun rösten. Die gerösteten Mandeln unter die Olivenpaste rühren.

Für 2 Personen/ca. 160 g

1 kleine Knoblauchzehe
2 TL Kapern
200 g schwarze Oliven
70 ml Olivenöl
2 EL Semmelbrösel
2 EL gehackte Mandeln

Paprikaaufstrich *vegan*

······ MIT NEKTARINEN ······

Erstens Den Backofengrill vorheizen.

Zweitens Die Paprika waschen, halbieren und
entkernen. Die Paprikaschoten mit der geöffneten
Seite nach unten auf ein Backblech legen und
10 Minuten im Ofen grillen. Abkühlen lassen und
klein schneiden.

Drittens Die Nektarine waschen, halbieren, entsteinen und klein würfeln.

Viertens Das halbe Brötchen an einer Reibe zu
Semmelbröseln verarbeiten. Die Paprikastücke
und das Olivenöl zu den Semmelbröseln geben
und pürieren. Zum Schluss die Nektarinenwürfel
unter den Paprikaaufstrich rühren.

Für 2 Personen/ca. 160 g
2 rote Paprika
1 harte Nektarine
(alternativ: 1 Handvoll getrocknete Aprikosen
klein hacken)
½ getrocknetes Brötchen
1 EL Olivenöl

Maisaufstrich
•••••• MIT LIMETTE ••••••

Erstens Den Zuckermais in heißem Salzwasser ca. 5 Minuten bissfest garen.

Zweitens Die Knoblauchzehe schälen und durch eine Knoblauchpresse drücken. Den Koriander waschen, die Blätter von den Stängeln befreien und grob hacken. Den Lauch und den Chili waschen, putzen und in Ringe schneiden.

Drittens Die Kokosraspel mit 1 EL Sonnenblumenöl in einer beschichteten Pfanne rösten und salzen.

Viertens Nun die gekochten Maiskörner mit dem Knoblauch, den Kokosraspeln, den Lauch- und den Chiliringen, der Sahne und dem Limettensaft in ein höheres Gefäß geben und das Ganze mit dem Pürierstab zu einem schönen Aufstrich verarbeiten. Am Schluss das Koriandergrün unterheben und mit Salz und Pfeffer abschmecken.

Für 2 Personen/ca. 180 g

150 g Zuckermais, tiefgefroren
Salz
1 kleine Knoblauchzehe
3 Stängel Koriander
1 Lauchzwiebel
1 kleiner Chili
3–4 EL Kokosraspel
1 EL Sonnenblumenöl
1 EL Sahne
1 TL Saft einer frischen Limette
Pfeffer

Radieschengrünpesto

·····• MIT HONIG •·····

Erstens Das Radieschengrün waschen, trocken-schütteln und klein schneiden.

Zweitens Die Kokosraspel salzen und in einer guten beschichteten Pfanne ohne Fett goldbraun rösten.

Drittens Alle Zutaten in eine Schüssel geben und mit dem Pürierstab zu einem Pesto verarbeiten. Nach Geschmack salzen und pfeffern.

Für ca. 120 g

1 Bund Radieschengrün
3 EL Kokosraspel
Salz
2 TL Zitronensaft
2 EL Olivenöl
2 TL Honig
Pfeffer

Avocado-Tomaten-Aufstrich vegan

······ MIT KORIANDER ······

Erstens Den Koriander waschen, trockenschütteln und die Blätter fein hacken.

Zweitens Die Tomaten waschen, putzen und in kleine Würfel schneiden.

Drittens Die weichen Avocados halbieren, entsteinen, das Fruchtfleisch mit einem Löffel herauslösen und in Stücke schneiden. Die Avocadostücke in eine Schüssel geben und mit einer Gabel zu einem Mus zerdrücken. Etwas Zitronensaft dazugeben, damit das Mus nicht braun wird. Die Tomatenwürfel unterrühren. Mit Salz, Pfeffer und Koriander abschmecken.

Für 2 Personen/ca. 180 g

3 Stängel Koriander
6 kleine Tomaten
2 weiche Avocados
etwas Zitronensaft
Salz
Pfeffer

Pilzaufstrich

······ MIT PETERSILIE ······

Erstens Die Egerlinge vorsichtig waschen und in Scheiben schneiden. Die Frühlingszwiebel waschen, vom Grün befreien und in dünne Ringe schneiden.

Zweitens In einer beschichteten Pfanne etwas Butter schmelzen und die Frühlingszwiebel darin leicht andünsten. Nun die geschnittenen Egerlinge dazugeben, die Temperatur etwas höher stellen und alles leicht anbräunen. Anschließend alles mit Salz und Pfeffer würzen und abkühlen lassen.

Drittens Die Petersilie von den Stängeln befreien und fein hacken. Zum Schluss die Egerlinge und die Frühlingszwiebeln in eine Schüssel geben, den Frischkäse und die Petersilie hinzufügen und alles pürieren. Mit Salz und Pfeffer abschmecken.

Für 2 Personen/ca. 160 g
150 g Egerlinge (braune Champignons)
1 kleine Frühlingszwiebel
etwas Butter zum Anbraten
Salz
Pfeffer
2–3 Stängel Petersilie
2 EL Frischkäse, Doppelrahmstufe

Alles zusammen

· · · · · · · · · · · · · · · · · · · ·

UND JETZT DIE BESTEN VEGETARISCHEN
SANDWICHES. JEDES FÜR SICH EIN GEDICHT.

Rote-Bete-Sandwich

······ MIT SCHAFSKÄSE ······

Erstens Den Schafskäse klein krümeln und mit dem Olivenöl in einem höheren Gefäß pürieren. Die Rote Bete in kleine Stücke schneiden. Zur Schafskäsecreme geben und alles gemeinsam pürieren. Zum Schluss mit Salz und Pfeffer abschmecken.

Zweitens Den Apfel waschen, mit einem Kernhausstecher das Kernhaus entfernen und 4 dünne Apfelscheiben herunterschneiden.

Drittens Zwei Vollkornbrotscheiben mit jeweils einer Apfelscheibe belegen, die Rote-Bete-Schafskäse-Creme darauf verteilen und mit Kresse garnieren. Eine weitere Apfelscheibe auf die Creme legen und mit der zweiten Brotscheibe belegen.

Tipp:
Falls von der Rote-Bete-Schafskäse-Creme etwas übrig bleibt, kann sie sehr gut für 2 Tage in einem Schraubglas im Kühlschrank aufbewahrt werden.

Für 2 Sandwiches
Rote-Bete-Schafskäse-Creme
200 g Schafskäse
1 EL Olivenöl
100 g Rote Bete, vorgegart
Salz
Pfeffer

Außerdem
1 kleiner Apfel
4 Scheiben Kasten-Vollkornbrot
1 Kästchen Kresse

Alles zusammen

Karottenpesto-Bergkäsebrot

······ MIT ZUCCHINI ······

Erstens Für das Karottenpesto die Karotten schälen und in kleine Würfel schneiden. Mit etwas Olivenöl in einem Topf anbraten, mit der Gemüsebrühe aufgießen und köcheln lassen, bis die Karotten weich sind. 1 EL Karottenwürfel beiseite stellen. Die restlichen Karotten mit 1 EL Olivenöl vermischen und mit dem Pürierstab zu einem glatten Pesto verarbeiten.

Zweitens Die Kokosraspel salzen und in einer guten beschichteten Pfanne ohne Fett goldbraun rösten. Die Petersilie waschen, trockenschütteln und fein hacken. Die Petersilie, die gerösteten Kokosraspel und die beiseite gestellten Karotten unter das Pesto rühren, nach Geschmack pfeffern.

Drittens Die Zucchini waschen und in feine Scheiben schneiden. In einer Pfanne mit dem Olivenöl vorsichtig anbraten.

Viertens Eine Scheibe Brot mit den Zucchinischeiben und zwei Scheiben Bergkäse belegen. Auf die zweite Brotscheibe reichlich Karottenpesto streichen. Die Brotscheiben zusammenklappen und leicht zusammendrücken. Mit dem zweiten Sandwich ebenso verfahren.

Für 2 Sandwiches

Karottenpesto
200 g Karotten (3 mittelgroße Karotten)
1 EL Olivenöl + etwas zum Anbraten
70 ml Gemüsebrühe
2 EL Kokosraspel
Salz
2 EL gehackte Petersilie (3 Stängel Petersilie)
Pfeffer

Außerdem
100 g Zucchini
1 EL Olivenöl
4 Scheiben dunkles Bauernbrot
4 Scheiben Bergkäse (150 g)

Alles zusammen

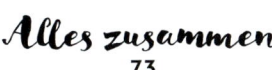

Pecorino-Tomatenpesto-Sandwich
······ MIT JALAPEÑO PEPPERS ······

Erstens Die getrockneten Tomaten in leicht gesalzenem Wasser ca. 5 Minuten kochen und anschließend abgießen. Währenddessen die Pinienkerne in einer beschichteten Pfanne ohne Öl leicht anbräunen. Die Knoblauchzehe schälen und in feine Stückchen schneiden. Den Parmesan reiben. Nun alle Zutaten mit 10 EL Olivenöl und dem Oregano in ein höheres Gefäß füllen, etwas Pfeffer zugeben und mit dem Pürierstab zu einer homogenen Paste verarbeiten. Falls das Pesto zu trocken ist, einfach noch etwas Olivenöl zugeben und nochmals pürieren.

Zweitens Den Rucola waschen und trocken schütteln. Das Kasten-Weißbrot toasten und den Pecorino in Scheiben schneiden.

Drittens Zwei Scheiben Brot mit Rucola, Pecorinoscheiben und Jalapeño Peppers belegen. Anschließend die zwei restlichen Brotscheiben mit Tomatenpesto bestreichen und die Sandwiches zusammenklappen.

Tipp:
Falls Pesto übrig bleibt, kann es in einem Schraubglas 1 Woche im Kühlschrank aufbewahrt werden.

Für 2 Sandwiches
50 g getrocknete Tomaten (ohne Öl)
Salz
30 g Pinienkerne
1 Knoblauchzehe
40 g Parmesan
10 EL Olivenöl
1 TL getrockneter Oregano
Pfeffer

Außerdem
½ Bund Rucola
4 Scheiben Kasten-Weißbrot
60 g junger Pecorino
2 EL Jalapeño Peppers
(eingelegte scharfe
grüne Pfefferschoten in Scheiben)

Alles zusammen

Preiselbeerfrischkäse-Birnen-Sandwich

······ MIT BRIE ······

Erstens Die Preiselbeeren unter den Frischkäse rühren und reichlich mit Cayennepfeffer würzen. Den Brie in Stücke schneiden.

Zweitens Die Birnen waschen, vierteln, entkernen und in Scheiben schneiden.

Drittens Das Baguette quer halbieren und die Hälften längs auseinanderschneiden. Je eine Baguettehälfte mit den Birnenscheiben und dem Brie belegen. Mit reichlich Preiselbeerfrischkäse bestreichen und mit der anderen Baguettehälfte bedecken.

Für 1 Baguette

2 EL Preiselbeeren aus dem Glas
150 g Frischkäse
Cayennepfeffer
150 g Brie
2 kleine harte Birnen
1 Stangenbaguette

Alles zusammen

Kichererbsen-Schafskäse-Sandwich

······ MIT PAPRIKA ······

Erstens Die Kichererbsen über Nacht einweichen und nach Anleitung kochen. Die gekochten Kichererbsen in ein höheres Gefäß geben und mit dem Pürierstab unter Zugabe von Olivenöl und Sesampaste zu einer Creme verarbeiten. Die Knoblauchzehe schälen und durch eine Knoblauchpresse drücken. Den Chili waschen und fein hacken. Knoblauch, Chilistückchen, Kreuzkümmel und Limettensaft zur Kichererbsencreme geben, alles nochmals pürieren und mit Salz und Pfeffer abschmecken.

Zweitens Die Paprika waschen, entkernen und in Viertel schneiden. Etwas Öl in eine beschichtete Pfanne geben und die Paprikaviertel langsam dünsten. Falls nötig, etwas Wasser angießen, damit die Paprikastücke schön weich werden. Den Schafskäse in Scheiben schneiden, diese in die Paprikaviertel setzen und so lange weitergaren, bis der Schafskäse weich wird. Anschließend mit etwas groben Pfeffer und Oregano bestreuen.

Drittens Die Tomate waschen und in Scheiben schneiden. Die rote Zwiebel schälen und ebenfalls in Scheiben schneiden. Das halbe Fladenbrot nochmals teilen und die Unterseiten jeweils dick mit Kichererbsencreme bestreichen. Anschließend die Paprikastücke auf die Creme setzen und mit Tomaten- und Zwiebelscheiben belegen. Am Schluss mit der anderen Brothälfte bedecken.

Für 2 Sandwiches

75 g getrocknete Kichererbsen
50 ml Olivenöl
2 EL Sesampaste
1 Knoblauchzehe
1 kleiner Chili
¼ TL Kreuzkümmel
3 TL Saft einer frischen Limette
Salz
Pfeffer

Außerdem

1 gelbe Paprika
etwas Öl zum Anbraten
100 g Schafskäse
grober Pfeffer
½ TL Oregano
1 Tomate
1 kleine rote Zwiebel
½ Fladenbrot

Alles zusammen

Ziegenkäse-Sandwich
·····MIT MANGO-SALSA·····

Erstens Die Mango und die Knoblauchzehe jeweils schälen und in kleine Würfel schneiden. In einem kleinen Topf 2 TL Sonnenblumenöl erwärmen und die Knoblauchwürfel leicht andünsten. Anschließend die Mangowürfel mit 3–4 EL Wasser hinzufügen und das Ganze bei niedriger Hitze langsam köcheln lassen. Die Chilischote waschen, entkernen und in feine Ringe schneiden. Die Chiliringe, 1 TL Currypulver und ein paar Spritzer weißen Balsamicoessig zur Mango geben und so lange köcheln lassen, bis die Mangostücke weich sind. Am Schluss mit Salz und Pfeffer abschmecken und die Sauce abkühlen lassen.

Zweitens Die Süßkartoffel schälen und in dünne Scheiben schneiden. 1 EL Sonnenblumenöl in einer beschichteten Pfanne erhitzen und die Süßkartoffelscheiben darin braten. Anschließend die Süßkartoffelscheiben salzen und aus der Pfanne nehmen. Nochmals 1 EL Sonnenblumenöl in die Pfanne geben und die Ziegenkäsescheiben auf beiden Seiten goldbraun braten.

Drittens Die Weißbrotscheiben halbieren und toasten. Dann auf zwei Brotscheibenhälften die Süßkartoffelscheiben verteilen, jeweils einen Ziegenkäse darauf setzen und mit Mango-Salsa bestreichen. Zum Schluss das Sandwich mit der zweiten Brothälfte zusammenklappen.

Für 2 Sandwiches

Mango-Salsa
1 Mango
1 kleine Knoblauchzehe
2 TL Sonnenblumenöl
1 kleiner Chili
1 TL Currypulver
ein paar Spritzer weißen Balsamicoessig
Salz
Pfeffer

Außerdem
1 Süßkartoffel
2 EL Sonnenblumenöl
2 Scheiben Ziegenkäse
(1 cm dick, ca. 5 cm Durchmesser)
2 große Scheiben Weißbrot

Alles zusammen

Paprika-Ricotta-Sandwich

······ MIT PARMESAN UND PINIENKERNEN ······

Erstens Den Backofengrill vorheizen.

Zweitens Die Paprika waschen, vierteln und entkernen. Die Paprikaschoten mit der geöffneten Seite nach unten auf ein Backblech legen und 10 Minuten im Ofen grillen. Abkühlen lassen.

Drittens Die Pinienkerne in einer guten beschichteten Pfanne ohne Fett goldbraun rösten. Den Parmesan in grobe Späne hobeln. Die Basilikumblätter waschen, klein zupfen und unter den Ricotta rühren.

Drittens Die Olivenpita oder die Ciabatta auseinanderschneiden und in folgender Reihenfolge belegen: gegrillte Paprika, Basilikumricotta, Parmesan und Pinienkerne. Das Brot vorsichtig zusammenklappen und sofort servieren.

Für 1 Pita/1 Ciabatta

2 rote Paprika
50 g Pinienkerne
80 g Parmesan
1 Handvoll Basilikum
150 g Ricotta
1 Olivenpita oder Olivenciabatta

Alles zusammen

Vorschläge für leckere Brotzeitkombinationen

··········

Mediterrane Brotzeit
→ Paprika-Ricotta-Sandwich (S. 83)
→ Kohlrabi-Carpaccio (S. 31)
→ Zitronenbutter (S. 11)
→ Oliventapenade (S. 57)
→ extra: eingelegte Artischocken, Weißbrot

Italienische Brotzeit
→ Pecorino-Tomatenpesto-Sandwich (S. 75)
→ Polenta-Bratlinge (S. 53)
→ Dicke-Bohnen-Salat (S. 41)
→ Tomatenbutter (S. 19)
→ Paprikaaufstrich (S. 59)
→ extra: eingelegte Oliven, Ciabatta

Griechische Brotzeit
→ Kichererbsen-Schafskäse-Sandwich (S. 79)
→ Dicke-Bohnen-Salat (S. 41)
→ Tomatenbutter (S. 19)
→ Oliventapenade (S. 57)
→ extra: Auberginen-Antipasti, Weinblätter

Susa-Brotzeit (süß-salzig)
→ Ziegenkäse-Sandwich (S. 81)
→ Asiatischer Spitzkohlsalat (S. 39)
→ Kürbispflanzerl (S. 49)
→ Feigen-Safran-Butter (S. 15)
→ Avocado-Tomaten-Aufstrich (S. 65)
→ Maisaufstrich (S. 61)

Herbst-Brotzeit
→ Preiselbeerfrischkäse-Birnen-Sandwich (S. 77)
→ Chicorée-Trauben-Salat (S. 27)
→ Kürbis-Apfel-Salat (S. 35)
→ Pilz-Carpaccio (S. 33)
→ Petersilienbutter (S. 13)
→ Pilzaufstrich (S. 67)

Heimat-Brotzeit
→ Karottenpesto-Bergkäsebrot (S. 73)
→ Brokkoli-Radieschen-Salat (S. 37)
→ Zucchini-Kartoffel-Bratlinge (S. 45)
→ Hirsebratlinge (S. 47)
→ Senfbutter (S. 17)
→ Pilzaufstrich (S. 67)

Früchtchen-Brotzeit
→ Preiselbeerfrischkäse-Birnen-Sandwich (S. 77)
→ Fenchel-Orangen-Salat (S. 29)
→ Rote-Bete-Salat (S. 25)
→ Chicorée-Trauben-Salat (S. 27)
→ Paprikaaufstrich (S. 59)
→ Zitronenbutter (S. 11)

Vegane Brotzeit
→ Brokkoli-Radieschen-Salat (S. 37)
→ Dicke-Bohnen-Salat (S. 41)
→ Avocado-Tomaten-Aufstrich (S. 65)
→ Oliventapenade (S. 57)
→ Radieschengrünpesto (S. 63)
→ extra: Bauernbrot

Vegane Herbst-Brotzeit
→ Pilz-Carpaccio (S. 33)
→ Kürbis-Apfel-Salat (S. 35)
→ Fenchel-Orangen-Salat (S. 29)
→ Kürbispflanzerl (S. 49)
→ Paprikaaufstrich (S. 59)
→ extra: Walnussbrot

Register

Bildnachweis

Alle Fotos: FUCHS DESIGN
Foodstyling: Susanne Heindl

....

Die Autorinnen

Susanne Heindl, geboren 1970, studierte Ökotrophologie in Freising-Weihenstephan. 1999 gründete sie mit zwei Studienkolleginnen die Ernährungsberatung „esslust" mit dem Motto „gutes Essen – gutes Leben" (www.esslust.com). Susanne Heindl lebt mit ihrem Mann und ihren beiden Kindern in einem Vorort von München.

Sabine Fuchs, geboren 1965, studierte Grafik-Design in Nürnberg. Nach Stationen in Werbeagenturen in Seattle, Hamburg und München machte sie sich 1995 als Art-Directorin selbstständig. 2002 wurde FUCHS DESIGN gegründet; der Schwerpunkt des Designbüros ist Buchgestaltung und Corporate Design (www.fuchs-design.biz). Sabine Fuchs lebt mit ihrem Mann und ihren beiden Töchtern in Ottobrunn bei München.

Beide veröffentlichten bei Thorbecke bereits mehrere Bücher mit großem Erfolg:
- ➡ Möhrenpesto und Maronicreme – 35 vegetarische Brotaufstriche
- ➡ Paprikapesto & Pfirsichchutney – Vegetarische und vegane Saucen, Chutneys und Pestos
- ➡ Weihnachtsgeschenke aus der Küche
- ➡ VeggieKnödel – herzhaft und süß

.